まるで本物!? あそべる工作

スロットマシーン・エアホッケーをつくろう

いしかわ☆まりこ

汐文社

もくじ

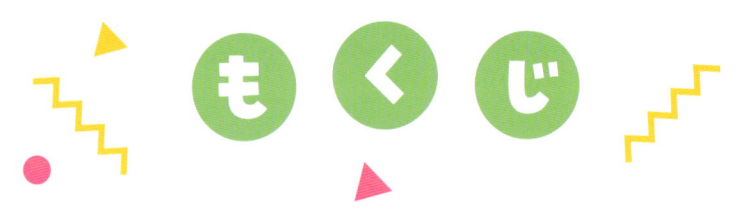

はじめに 3

何が出るかな？　**スロットマシーン** 4
　用意するもの 6
　つくろう！ 8
　できあがり！ 14
　道具のおはなし　**はさみの使い方** 15

おうちでバトル　**エアホッケー** 16
　用意するもの 18
　つくろう！ 20
　できあがり！ 24
　道具のおはなし　**カッターの使い方** 25

シュートを決めろ！　**バスケットボール** 26

すぐあそべる!!　むかしながらのおもちゃ
　5枚板パタパタ 30
　6枚板パタパタ 32

すぐできる！　むかしながらのおもちゃ工作
　ふくとのびる　ふきもどし 34
　コツをつかむとよくまわる！　色がわりこま 36

型紙 38

はじめに

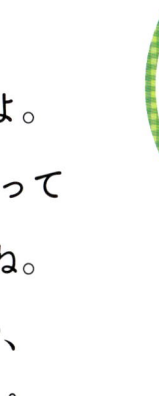

この本では、まるで本物!?　な工作を紹介するよ。

かんたんなものから少しふくざつなものまでのって

いるから、自分がいまつくりたいものを選んでね。

まずは、材料をあつめよう!　身近にあるものや、

文房具屋さん、ホームセンターや100円ショップ

で手に入るものでつくれるよ。

自分がつくりたいものを思いうかべて、くふうし

ながら、ほしい作品をめざしてみよう!

カッターやはさみの使い方のページも見ながら、

大人といっしょに気をつけながら進めてね。

自分でつくったら、世界にひとつの作品のできあがり!

つくりたい気持ちを大切に、はじめよう!

みんなの工作タイムが楽しくありますように♪

いしかわ☆まりこ

JACK POT

レバーをたおすと……

用意するもの

材料（ざいりょう）

うらがわに
ますめがあるよ

写真の作品では、
外がわの部分はカラー工作
用紙を使っているよ。
普通の工作用紙で作って
色をつけても OK

カラー工作用紙（こうさくようし）

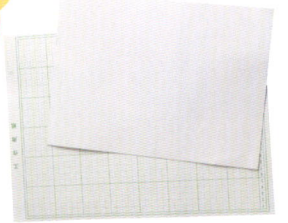

**工作用紙・
コピー用紙**（こうさくようし・ようし）

片ダンボール（かた）
（なみなみしている
シート）

のこぎりなどを
使って大人に
切ってもらおう

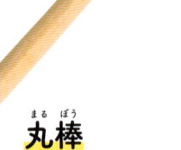

丸棒（まるぼう）
（直径15ミリ）（ちょっけい）

わりばし

輪ゴム（わ）

ビー玉（だま）

色画用紙（いろがようし）

**キラキラ
テープ**

カラースプレー

カラースプレーを
使って色づけ！（つか・いろ）
水性タイプのカ（すいせい）
ラースプレーを
選んでね。（えら）

カラー工作用紙がないときは……（こうさくようし）

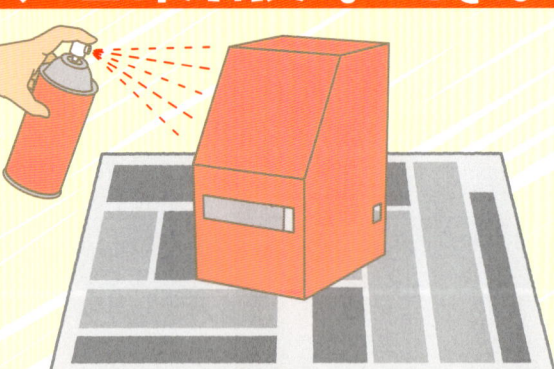

少しずついろんな方向か（すこ・ほうこう）
らスプレーしてまんべん
なくぬろう。下の方はか（した・ほう）
わいてからひっくりかえし
てスプレーしてね

新聞紙などの大きな（しんぶんし・おお）
紙やブルーシートなどを
しいて、外で（そと）
スプレーしてね！

**あとは
つくりたい気持ち！**（きも）

道具

はさみ　カッター　定規　えんぴつ　消しゴム

セロハンテープ　両面テープ　強力タイプ　木工用　いろいろなものに使えるタイプ　接着剤　のり

ペンいろいろ　カッターマット

カッターを使うときは必ず下にいてね

液体、でんぷん、スティックのりなど使いわけよう！

かたいものを切るときは…

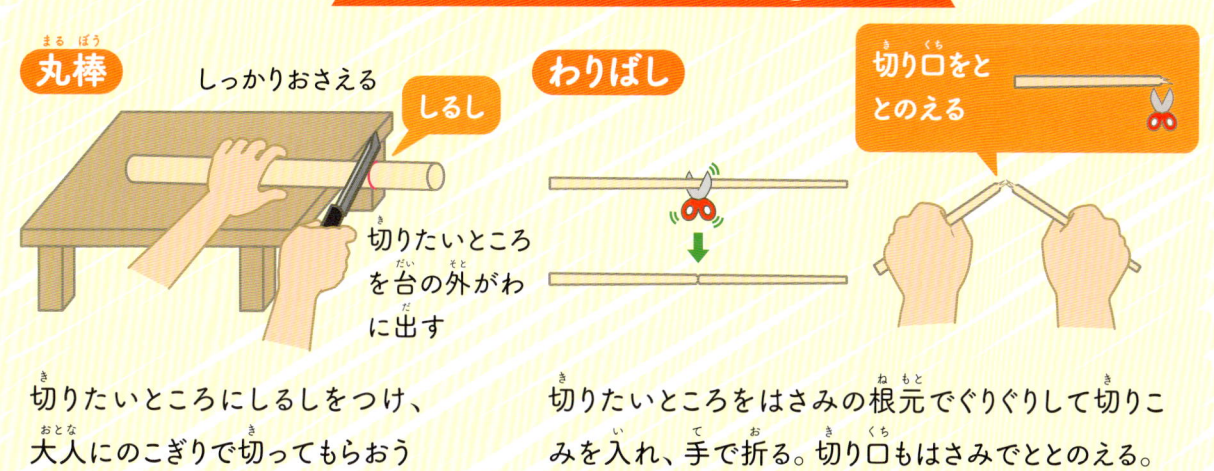

丸棒　しっかりおさえる　しるし　切りたいところを台の外がわに出す

わりばし

切り口をととのえる

切りたいところにしるしをつけ、大人にのこぎりで切ってもらおう

切りたいところをはさみの根元でぐりぐりして切りこみを入れ、手で折る。切り口もはさみでととのえる。

つくろう！

‒‒‒‒ 山折り

内がわのケースをつくる

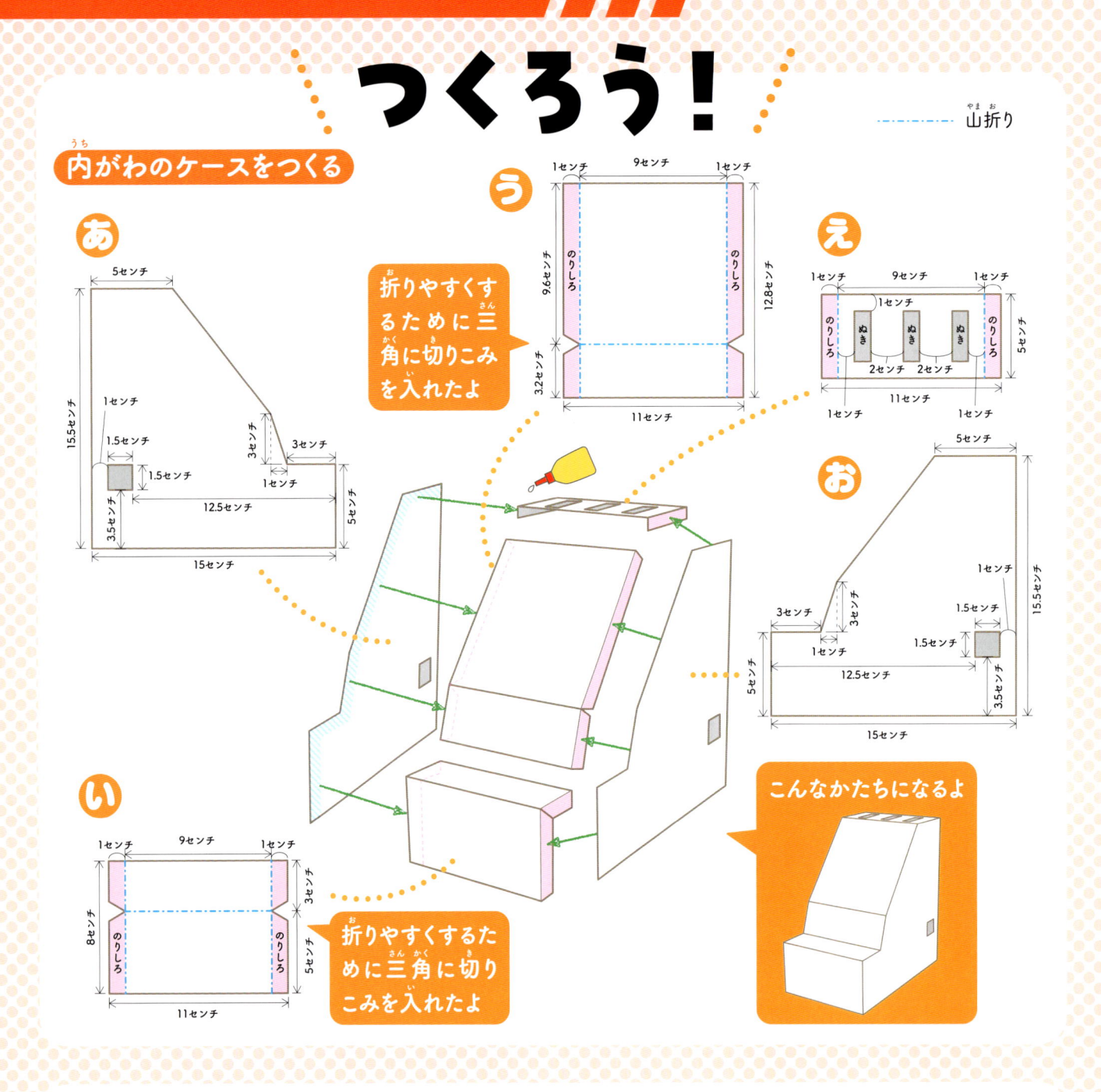

あ

5センチ

15.5センチ

1センチ
1.5センチ
1.5センチ
3センチ
3センチ
1センチ
3.5センチ
12.5センチ
5センチ
15センチ

う

1センチ　9センチ　1センチ

9.6センチ
のりしろ
のりしろ
12.8センチ

3.2センチ
11センチ

折りやすくするために三角に切りこみを入れたよ

え

1センチ　9センチ　1センチ

のりしろ
1センチ
ぬき　ぬき　ぬき
のりしろ
5センチ
2センチ　2センチ
11センチ
1センチ　1センチ

お

5センチ

1センチ
1.5センチ
1.5センチ
15.5センチ
3センチ
3センチ
1センチ
3.5センチ
5センチ
12.5センチ
15センチ

い

1センチ　9センチ　1センチ

8センチ
のりしろ　のりしろ
3センチ
5センチ
11センチ

折りやすくするために三角に切りこみを入れたよ

こんなかたちになるよ

① あ・い・う・え・おのかたちを工作用紙で1まいずつつくる。あ・え・おは ▢ を切りとり、い・うはのりしろに三角の切りこみを入れる。
‒‒‒‒ を折ってのりしろと ▨ をはりあわせくみたてる。
★P38〜39の型紙を使ってもいいよ

しかけをつくる

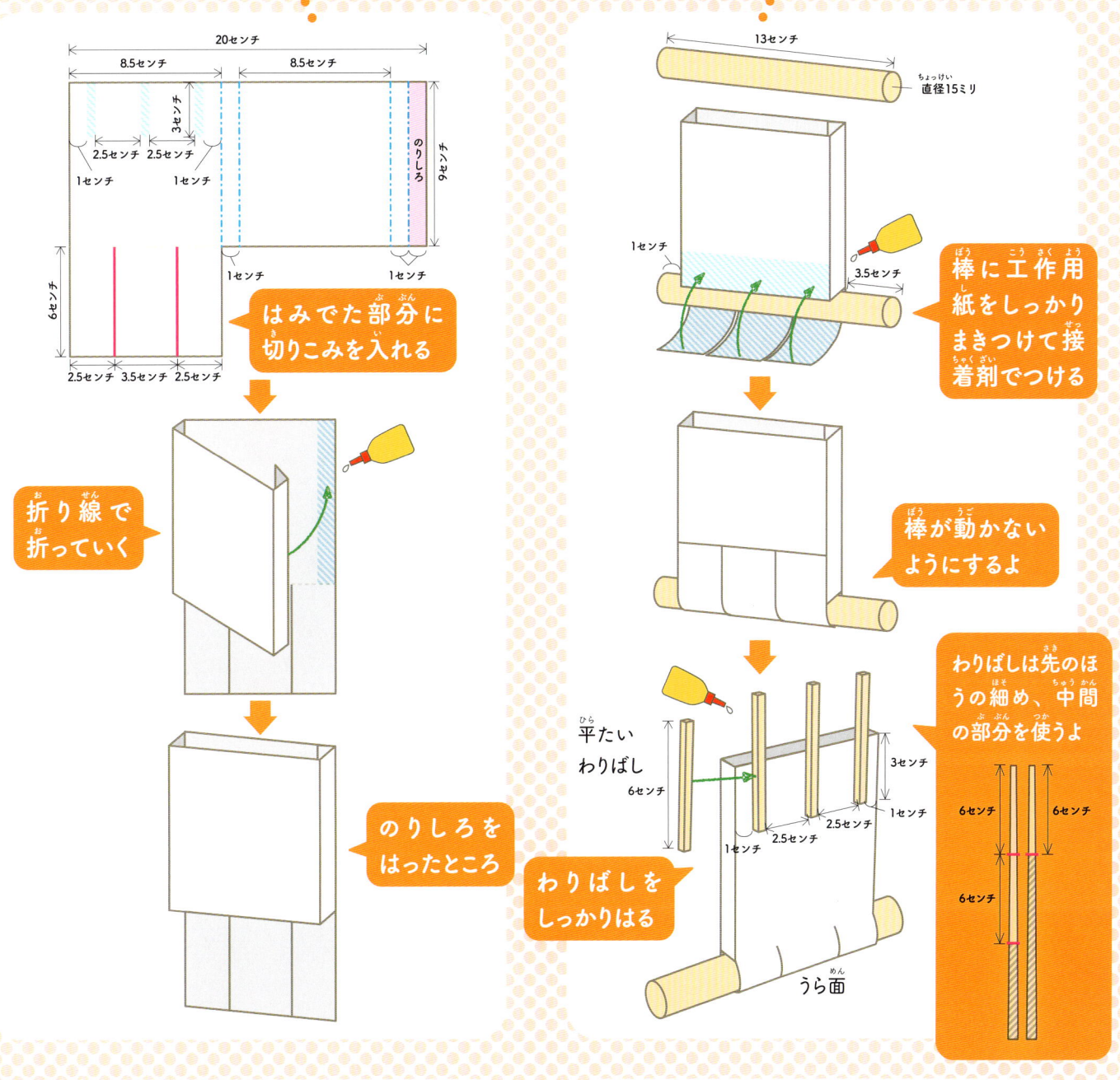

20センチ

8.5センチ　8.5センチ

3センチ

2.5センチ　2.5センチ

1センチ　1センチ

のりしろ

9センチ

6センチ

1センチ　1センチ

2.5センチ　3.5センチ　2.5センチ

はみでた部分に切りこみを入れる

折り線で折っていく

のりしろをはったところ

13センチ

直径15ミリ

1センチ　3.5センチ

棒に工作用紙をしっかりまきつけて接着剤でつける

棒が動かないようにするよ

平たいわりばし

6センチ

1センチ　2.5センチ　2.5センチ　1センチ　3センチ

わりばしをしっかりはる

わりばしは先のほうの細め、中間の部分を使うよ

6センチ　6センチ

6センチ

うら面

2 図のかたちを工作用紙でつくる。下のはみでた部分に切りこみを入れておく。 ‑‑‑‑‑ を折ってのりしろと 〼 をはり、図のかたちをつくる。

3 直径15ミリの丸棒を13センチに切る。**2**に図のように丸棒をくっつける。わりばしを切ったものを3本図のようにはる。

内がわのケースにしかけを とりつける

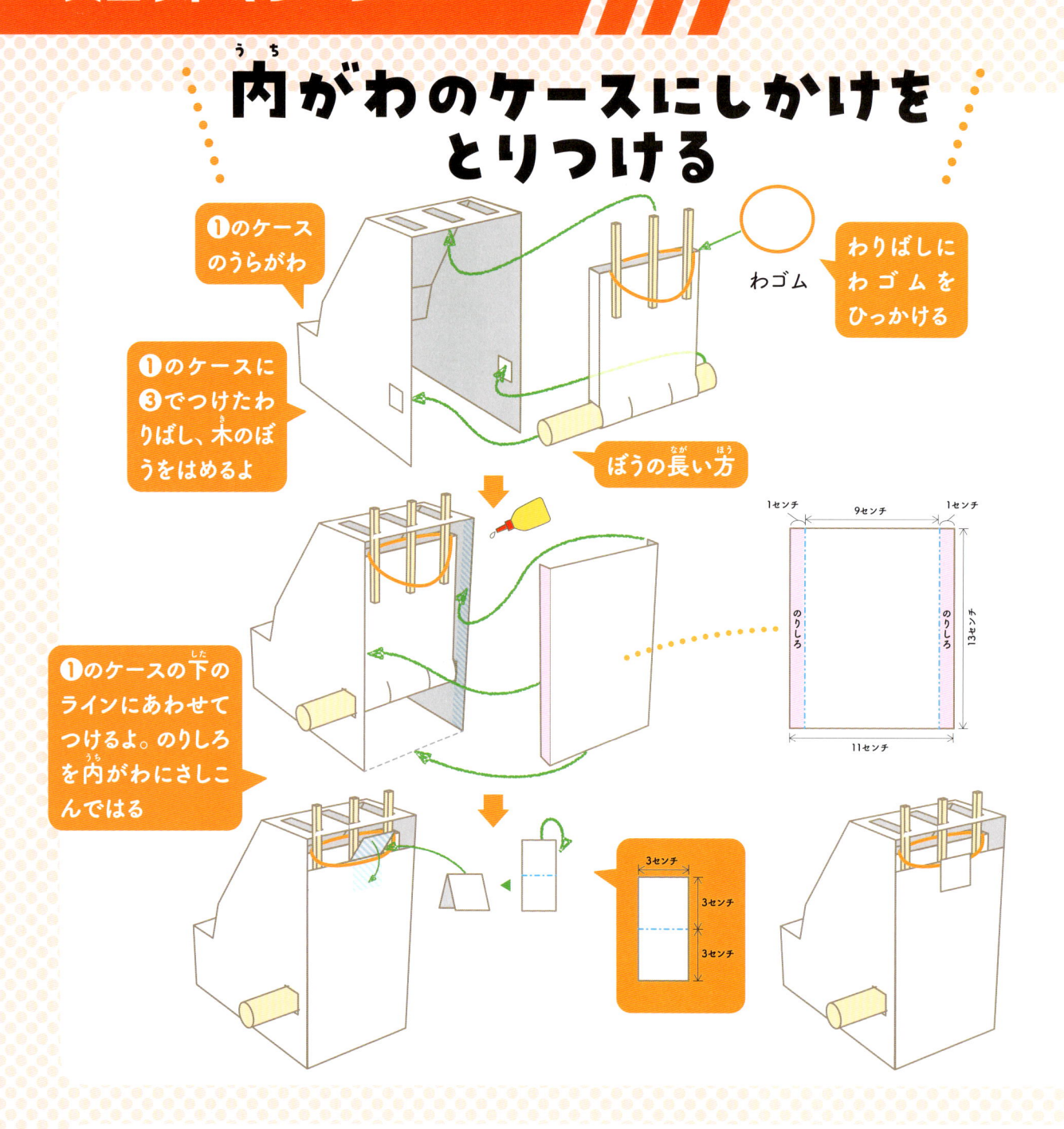

❶のケース
のうらがわ

わりばしに
わゴムを
ひっかける

わゴム

❶のケースに
❸でつけたわ
りばし、木のぼ
うをはめるよ

ぼうの長い方

❶のケースの下の
ラインにあわせて
つけるよ。のりしろ
を内がわにさしこ
んではる

1センチ　9センチ　1センチ
のりしろ　のりしろ
13センチ
11センチ

3センチ
3センチ
3センチ

❹　❸のわりばしにわゴムをひっかけてから、❶のケースの上の面の3つの
あなにわりばしを、横のあなに木のぼうをさしこむ。工作用紙を11×
13センチに切り、図のようにのりしろを折って❶にはる。
工作用紙を3×6センチに切り、半分に折って図のようにわゴムをはさ
んではりつける。

10

内がわのケースにしきりをつける

サイコロをつくる

しきり

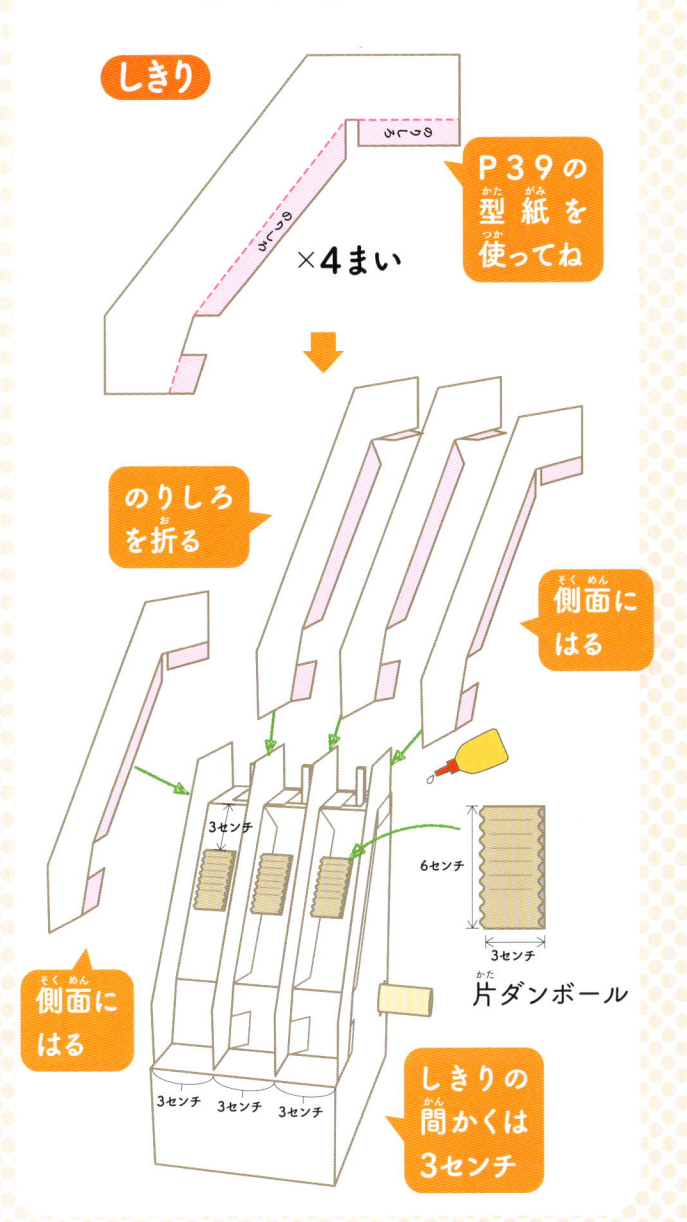

P39の型紙を使ってね

×4まい

のりしろを折る

側面にはる

側面にはる

3センチ

6センチ

3センチ

片ダンボール

しきりの間かくは3センチ

3センチ　3センチ　3センチ

サイコロ

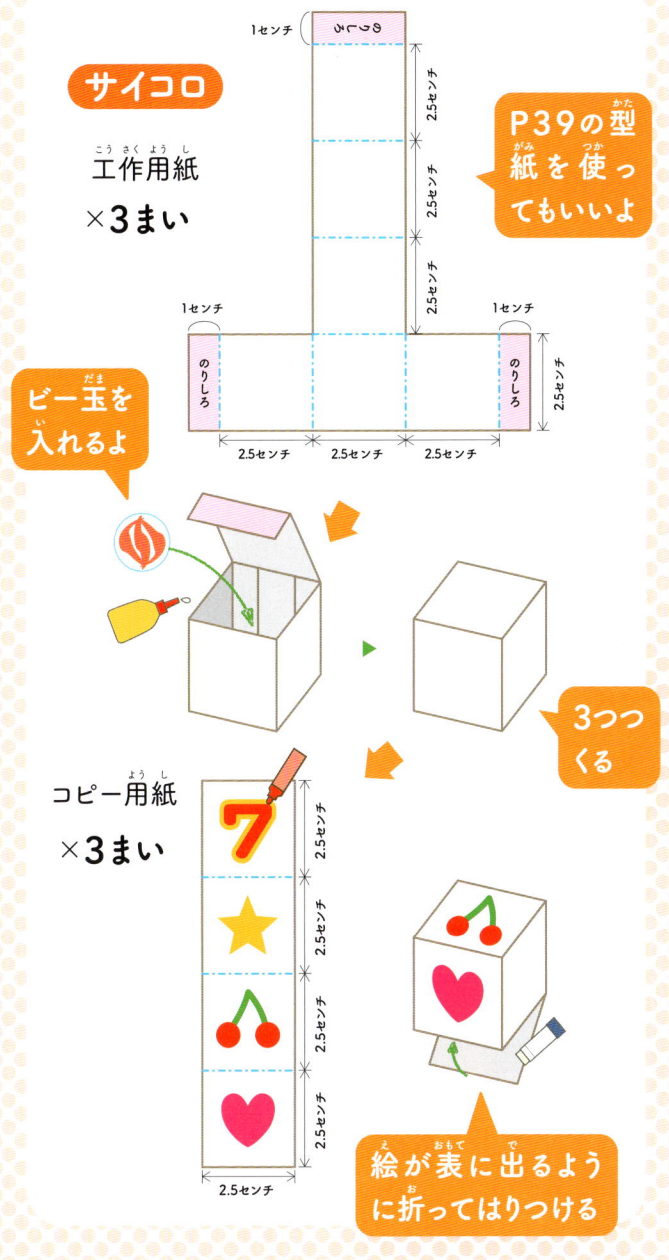

工作用紙 ×3まい

P39の型紙を使ってもいいよ

1センチ

2.5センチ

2.5センチ

2.5センチ

2.5センチ

1センチ　のりしろ　2.5センチ　1センチ　のりしろ

2.5センチ　2.5センチ　2.5センチ

ビー玉を入れるよ

3つつくる

コピー用紙 ×3まい

7

★

2.5センチ

2.5センチ

2.5センチ

2.5センチ

2.5センチ

絵が表に出るように折ってはりつける

---

5 工作用紙でしきりを4まい切る。------ で折って ▭ ののりしろを **4** の表がわにはる。しきりの間に片ダンボールを図のようにはる。

6 図のかたちに工作用紙を切り、サイコロを3つくみたててビー玉を入れる。コピー用紙を図のように切り、たて4マスだけもようをかいてはる。

外がわのカバーをつくる

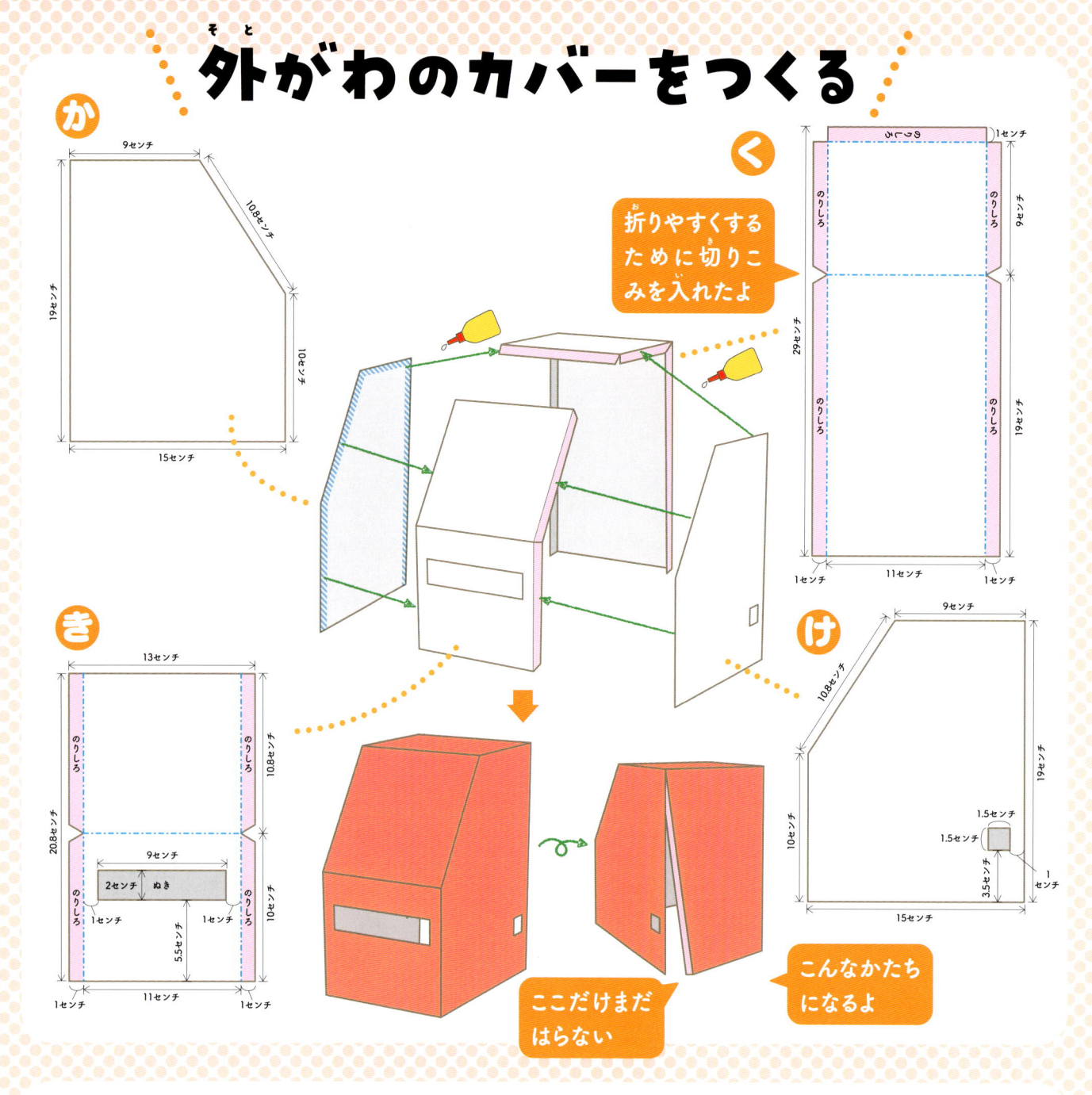

か 9センチ / 10.8センチ / 19センチ / 10センチ / 15センチ

く 1センチ / のりしろ / のりしろ / 29センチ / 9センチ / のりしろ / のりしろ / 19センチ / 1センチ / 11センチ / 1センチ

折りやすくするために切りこみを入れたよ

き 13センチ / のりしろ / のりしろ / 10.8センチ / 20.8センチ / 9センチ / 2センチ ぬき / のりしろ / のりしろ / 10センチ / 1センチ / 1センチ / 5.5センチ / 1センチ / 11センチ / 1センチ

け 9センチ / 10.8センチ / 19センチ / 10センチ / 1.5センチ / 1.5センチ / 3.5センチ / 1センチ / 15センチ

ここだけまだはらない

こんなかたちになるよ

7 図の **か**・**き**・**く**・**け**のかたちを工作用紙で1まいずつつくる。**き**・**け**の □ を切りとり、**き**・**く**はのりしろに三角に切りこみを入れる。
----- を折ってのりしろと ▨ をはりあわせる。
★P38〜39の型紙を使ってもいいよ

サイコロを入れて外がわの カバーをかぶせる

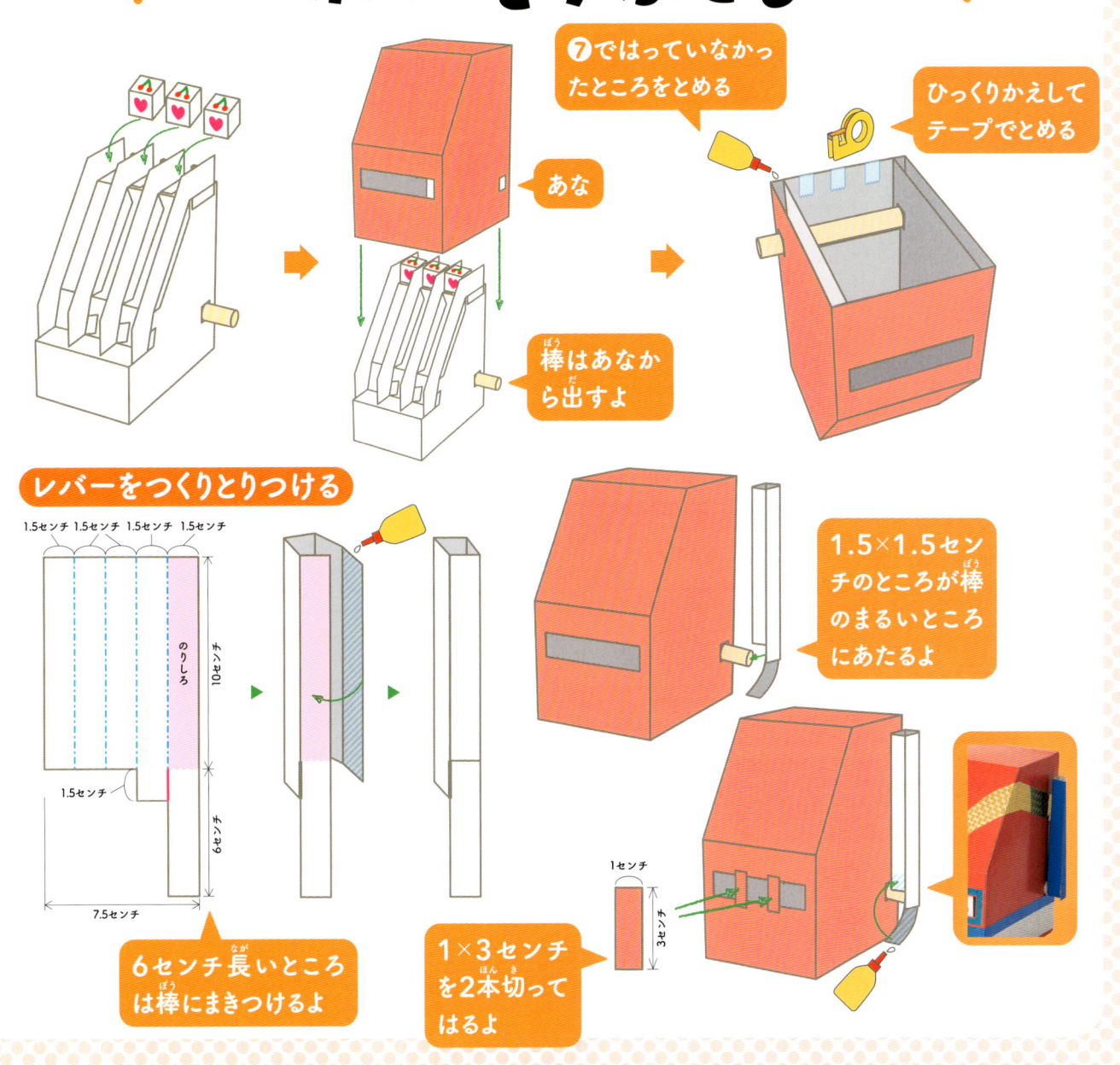

❼ではっていなかったところをとめる

あな

ひっくりかえしてテープでとめる

棒はあなから出すよ

レバーをつくりとりつける

1.5センチ 1.5センチ 1.5センチ 1.5センチ

のりしろ

10センチ

1.5センチ

6センチ

7.5センチ

6センチ長いところは棒にまきつけるよ

1×3センチを2本切ってはるよ

1センチ

3センチ

1.5×1.5センチのところが棒のまるいところにあたるよ

❽ ❻でつくったサイコロ3つを絵が正しいむきになるようにしきりの中におき、❼の外がわのカバーをかぶせてくっつける。図のかたちに工作用紙を切ってレバーをつくり、丸棒にとりつける。長いところをぐるっとまきつけてしっかりつける。

できあがり！

左がわはこんな感じ！

サイコロの中にビー玉を入れたよ！

キラキラテープでかざったよ

まどが3つ。サイコロが3つならぶよ

7
★
🍒
❤

この本ではサイコロにこんなもようをつけたよ！

すきな絵をかいてもいいね

あそびかた

サイコロが見える

サイコロがまどから見えなくなる

マシンをひっくりかえす。サイコロを上の面にくるように落とす

まどがからのままおいて、レバーをひく

まどにサイコロがコロコロ

まどにサイコロがならぶ

何がでるかな!?

また最初にもどる。くりかえしあそべるよ！

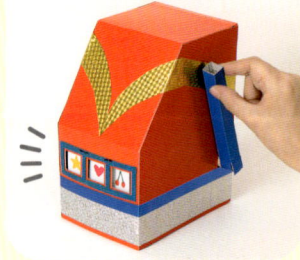

「777」が出るかな？

はさみ の使い方

おすすめの持ち方を紹介するよ

上のあなには**親指**を入れる。ふたつのあなが同じサイズのはさみもあるよ

必ず、すわってつくえの上で使おう!

持ち運ぶときや人にわたすときは、刃の方を持つ

人差し指を外に出して、そえて持つのがおすすめ!なれると安定して使いやすいよ

中指、くすり指は下のあなの中に入れる

小指は外に出してそえるといいよ。手が小さい人はあなに入れてもOKだよ

細長い紙を切って練習!1回で切りとってみよう。指を切らないように紙を持つ手の位置に気をつけよう

☆左利きの人は専用のはさみがあるよ

まるを切ってみよう!はさみの位置はそのままで、紙を動かすよ。はさみを持つ手をグーパー、グーパーと動かして切り進めてね

ひじは体につけて紙を正面に持つ

SMASH!

あか　みどり
下　一

ゴールを
めざせ！

おうちでバトル

エアホッケー

ゴールをまもれ!

BATTLE!

用意するもの

材料

> この本では
> 34.5 × 46.5センチの
> ものを使っているよ。
> これに近い
> サイズだとつくりやすいよ

ホワイトボード（大きめ）

片ダンボール
（なみなみしている
シート）

トイレット
ペーパー
のしん

ティッシュの
空き箱

色画用紙

まがるストロー
（2本）

工作用紙・厚紙

ポテトスナックの
容器のふた（2つ）

ペットボトル
のふた

ビー玉

点数をつけるときあると役に立つアイテム

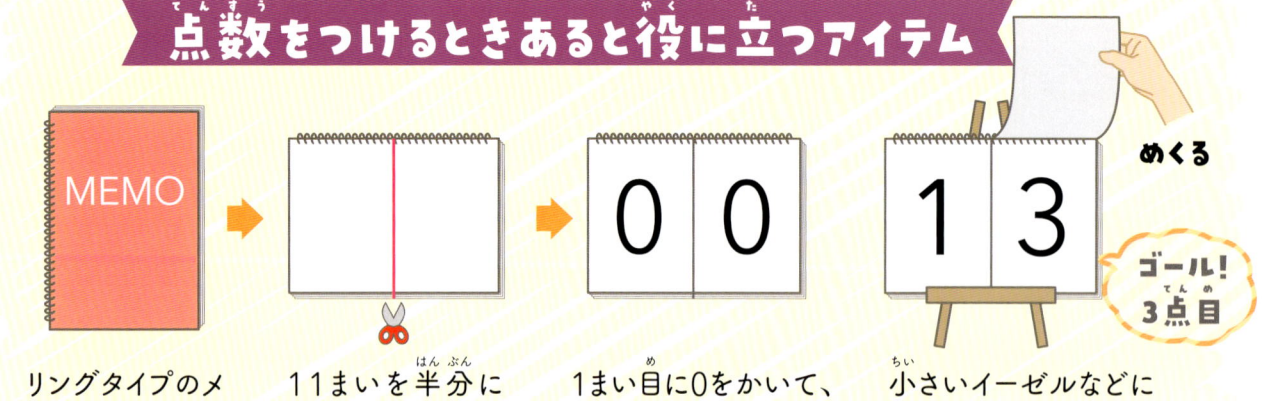

MEMO

0 0

1 3

めくる

ゴール！
3点目

リングタイプのメ
モ帳やスケッチ
ブックを使うよ

11まいを半分に
切る

1まい目に0をかいて、
めくって10までかこう

小さいイーゼルなどに
のせるといい感じ！

カッター用の定規もあるよ

液体、でんぷん、スティックのりなど使いわけよう！

道具

はさみ

カッター

定規

えんぴつ

消しゴム

のり

セロハンテープ

両面テープ

ガムテープ

強力タイプ

木工用

いろいろなものに使えるタイプ

接着剤

ペンいろいろ

カッターマット

カッターを使うときは必ず下にいてね

色つきでパックを作ると目立ってかわいい

あるとかつやくするアイテム

シールタイプがおすすめ

カラフルなペットボトルのふた

まるシール

シール

キラキラテープ

キラキラのおりがみ

つくろう！

ホッケー台

メジャーや長い定規ではかって中心を出そう

セロハンテープのしんやガムテープのしんを使って油性ペンでまるをかく

油性ペンでせんをかく

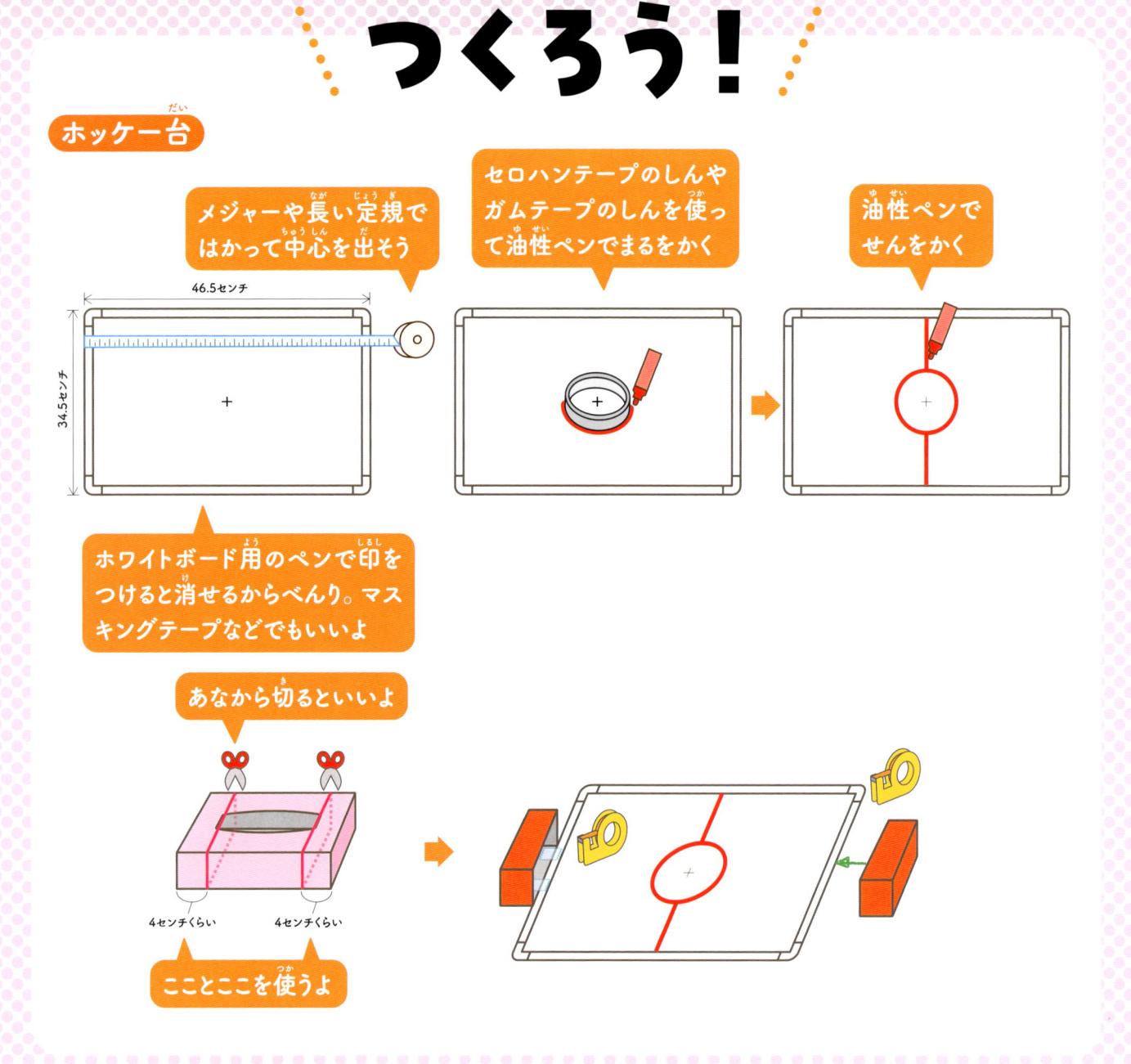

46.5センチ

34.5センチ

ホワイトボード用のペンで印をつけると消せるからべんり。マスキングテープなどでもいいよ

あなから切るといいよ

4センチくらい　4センチくらい

こことここを使うよ

① ホッケー台をつくる。ホワイトボードのたて、よこをはかって中心を出す。テープのしんをあてて中心にまるをかき、図のように線をかく。ティッシュのあきばこの両がわをはば4センチくらいずつ切りとり、ホワイトボードの左右のまん中にはってゴールをつくる。

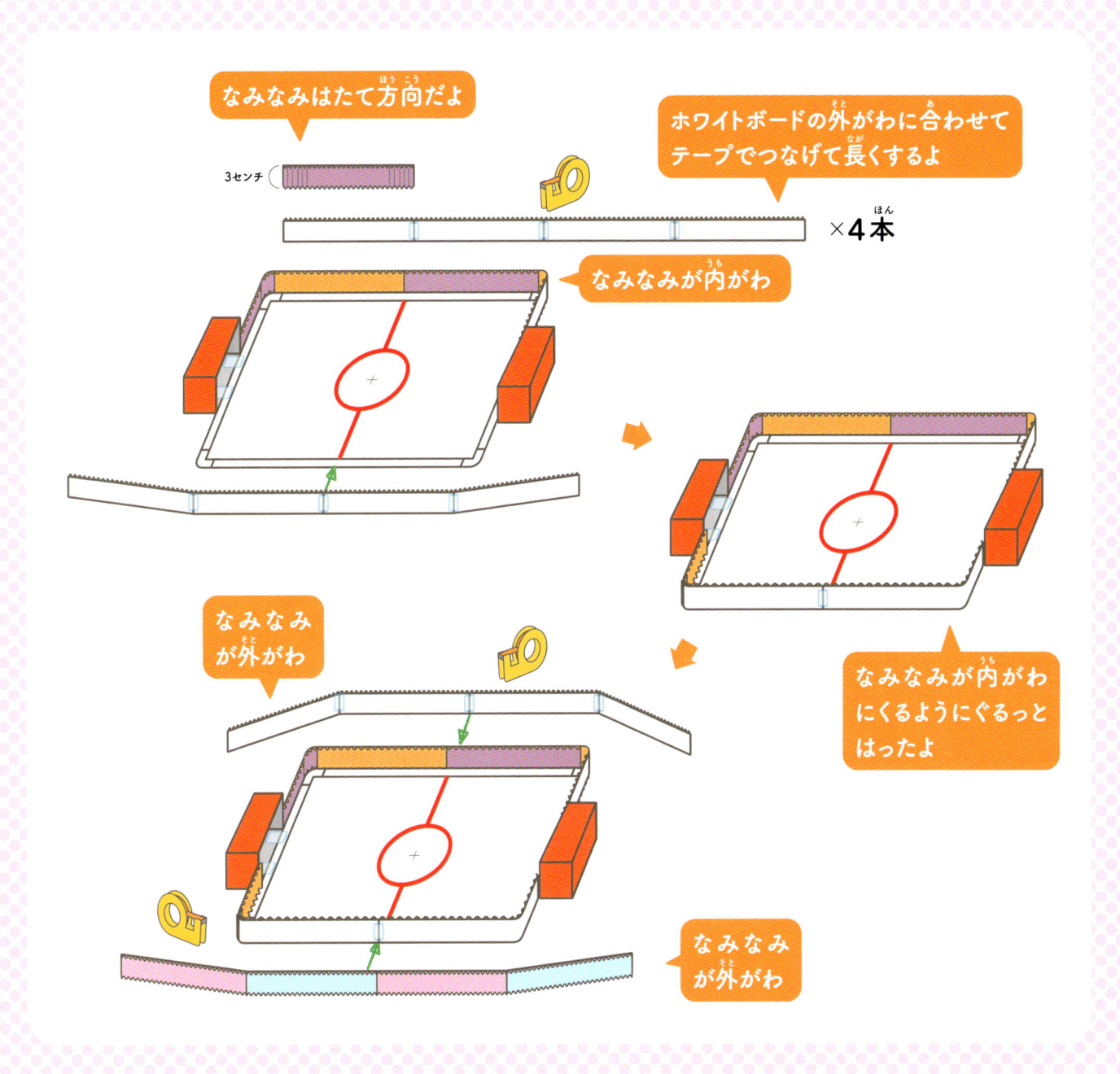

なみなみはたて方向だよ

3センチ

ホワイトボードの外がわに合わせて
テープでつなげて長くするよ

×**4本**

なみなみが内がわ

なみなみ
が外がわ

なみなみが内がわ
にくるようにぐるっと
はったよ

なみなみ
が外がわ

② 片ダンボールシートをたてになみなみがくるように3センチはばで切り、
テープでつなげて細長く4本つくる。ゴールのわきからホワイトボード
になみなみが内がわにくるようにぐるっとはりつける。あまったら切る。
さらになみなみが外がわにくるようにぐるっとはりあわせる。

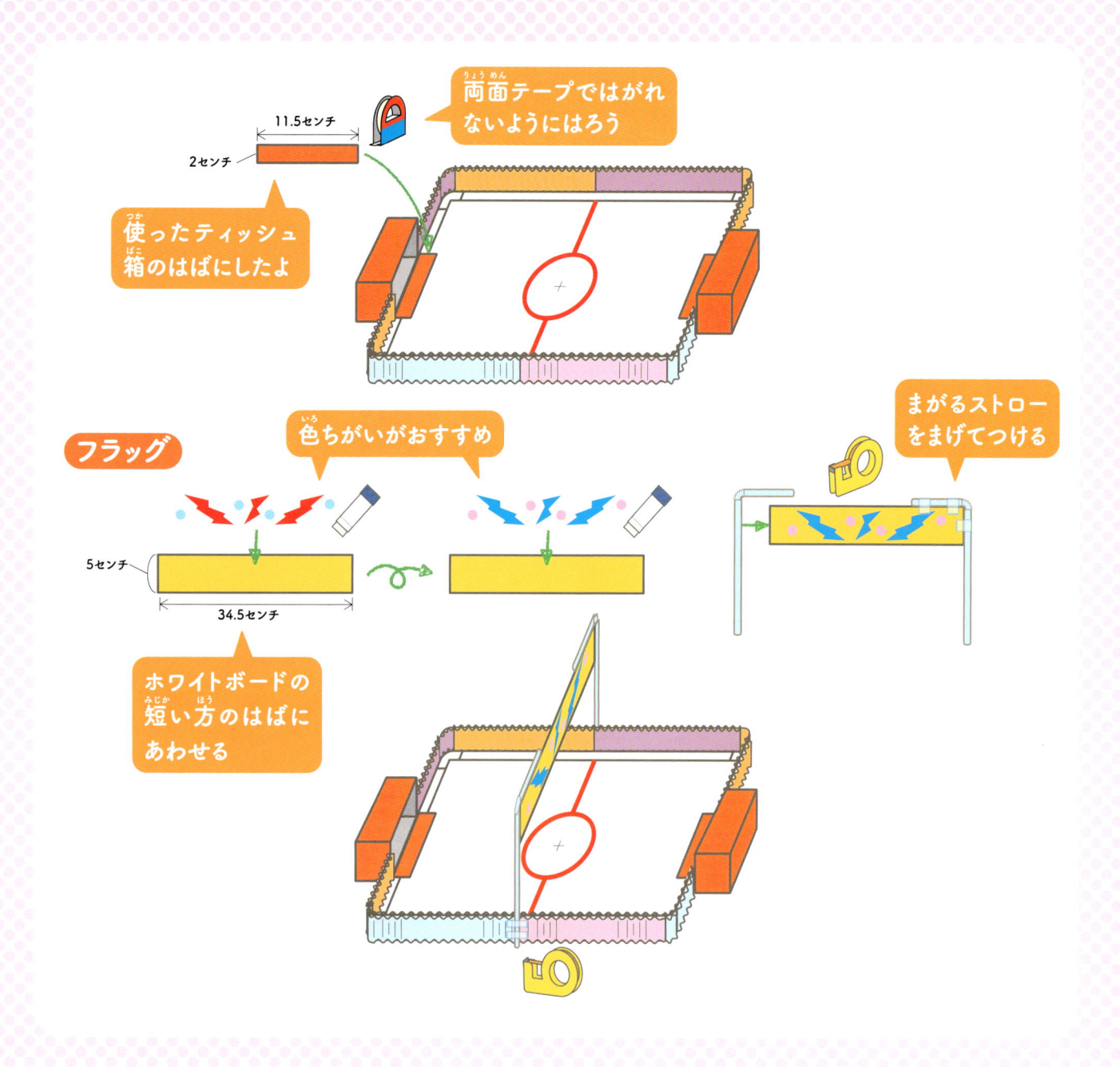

11.5センチ

2センチ

両面テープではがれ
ないようにはろう

使ったティッシュ
箱のはばにしたよ

フラッグ

色ちがいがおすすめ

まがるストロー
をまげてつける

5センチ

34.5センチ

ホワイトボードの
短い方のはばに
あわせる

3 ゴール前のホワイトボードのふちの段差をなだらかにするために色画用紙をはる。

フラッグ用に色画用紙を長方形に切り、両面にすきなかざりをつける。

まがるストローを両がわにつけ、ホワイトボードのまん中にとりつける。

パックをつくろう

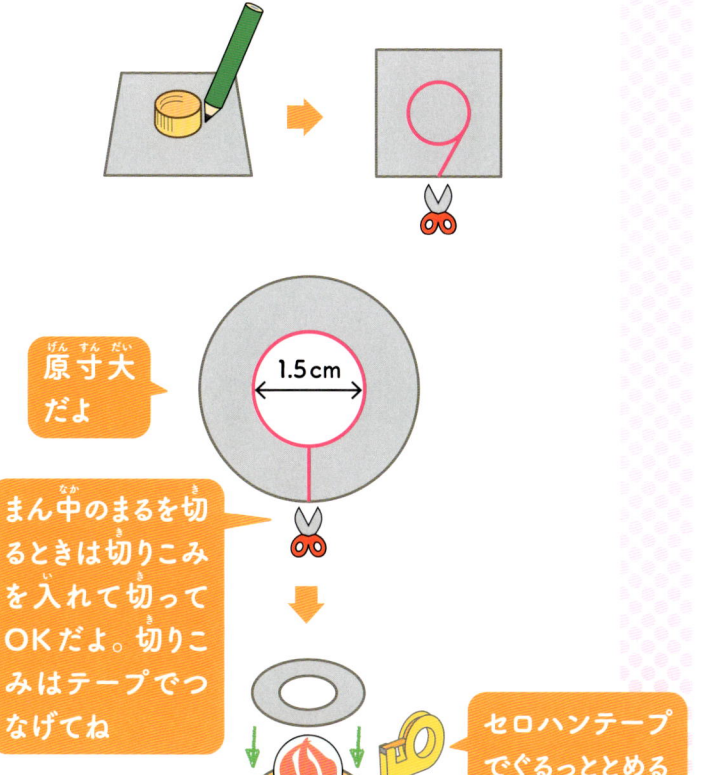

原寸大だよ

1.5 cm

まん中のまるを切るときは切りこみを入れて切ってOKだよ。切りこみはテープでつなげてね

セロハンテープでぐるっととめる

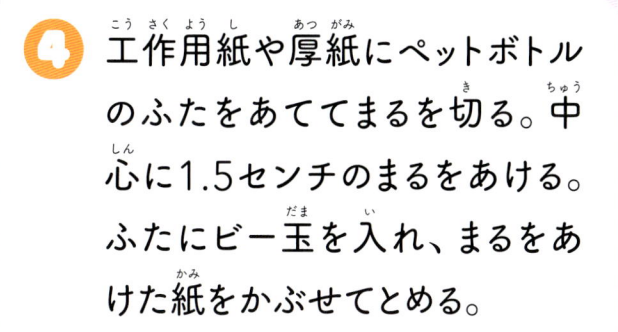

あそぶときはひっくりかえして使うよ

④ 工作用紙や厚紙にペットボトルのふたをあててまるを切る。中心に1.5センチのまるをあける。ふたにビー玉を入れ、まるをあけた紙をかぶせてとめる。

アタッカーをつくろう

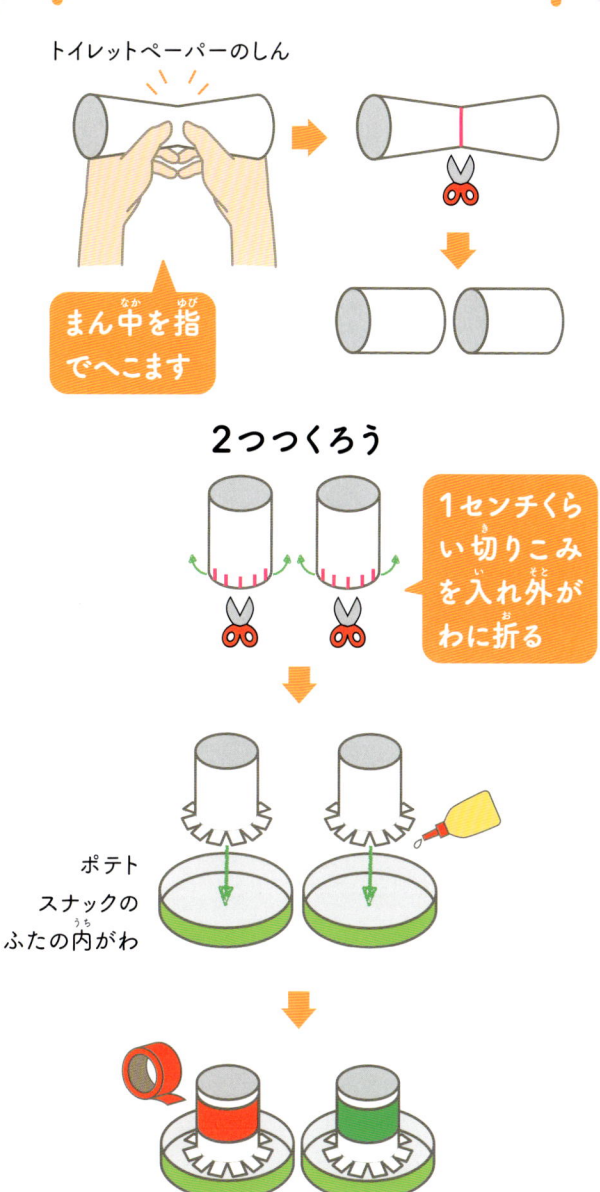

トイレットペーパーのしん

まん中を指でへこます

2つつくろう

1センチくらい切りこみを入れ外がわに折る

ポテトスナックのふたの内がわ

⑤ トイレットペーパーのしんを半分に切る。2つとも切りこみを入れて外にひらき、ふたにはる。キラキラテープなどで色わけする。

できあがり！

アタッカー

こちらがわはフラッグの
かざりの色をかえたよ

ゴールには
色画用紙を
はったよ

まん中に
はろう

パック

たくさんつくって
もいいね

点数をつけよう

● あか ● みどり

下 一

この本ではふせん
を使っているよ

ねらって
ねらって！

あそびかた

ゴールを
守るぞ

● まん中の ——◯—— の線から自分と相手、
ふたつにわかれる。

● 台の両はじにゴールがあって、自分の前にある
ゴールが自分のゴール。

● 相手のゴールにパックが入ったら1点！

● 手で直接パックをさわるのは反則！

● 先に5点とった方が勝ち！ など決めて遊ぼう。

カッターの使い方

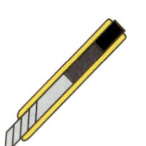

刃は1〜2まい分
出して使おう

1〜2まい

持ち方は
えんぴつを持つように
するよ。ふだん、えんぴつの
持ち方がちがう人も、カッターは
この持ち方にしよう

大人と
いっしょに使うよ

こんな持ち方は
あぶない！

切れなくなったら
刃を折ろう

ここをはず
せるもの
もあるよ

※ペンチなどでも折れるよ。折った刃を
すてるときは地域の決まりにしたがってね

必ず
カッターマットを
しいて使うよ

定規を使うときは
金属製または金属が
はってある定規を使おう

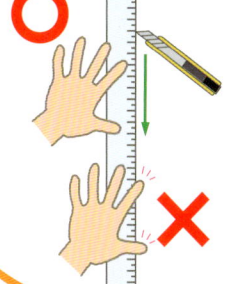

○
×

手は
カッター
が通る
線の上には
おかない！！

☆左利きの人は専
用のカッターが
あるよ

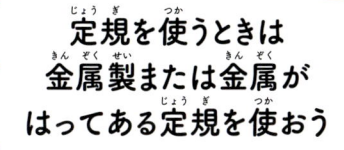

SHOOTING !

BASKETBALL

シュートを決めろ！
バスケットボール

 **材料** ティッシュの箱、紙コップ、わりばし2ぜん、せんたくばさみ、色画用紙、マスキングテープ

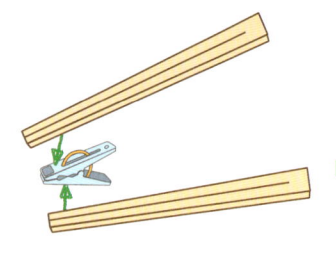

❶わりばし2ぜんでせんたくばさみをはさんでセロハンテープでとめる。わりばしのわれ目にせんたくばさみのワイヤーをはさむようにする。

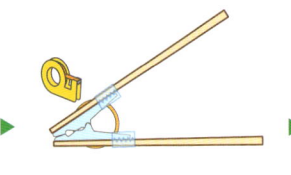

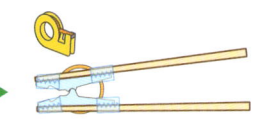

切りこみを入れて切りとる

3センチ

❷紙コップを底から3センチくらい切る。

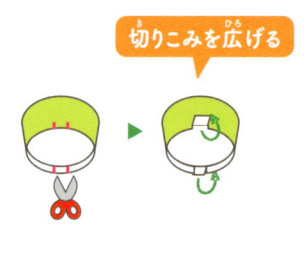

切りこみを広げる

❸底の部分の半分のところにわりばしがはまるように切りこみを入れる。

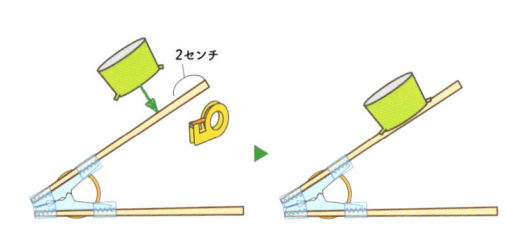

2センチ

❹広げた切りこみを上のわりばしにはりつける。

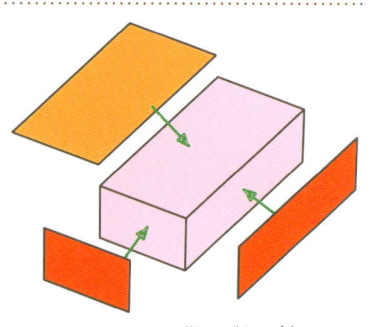

❺ティッシュの箱の底を上にして色画用紙をはってかざる。

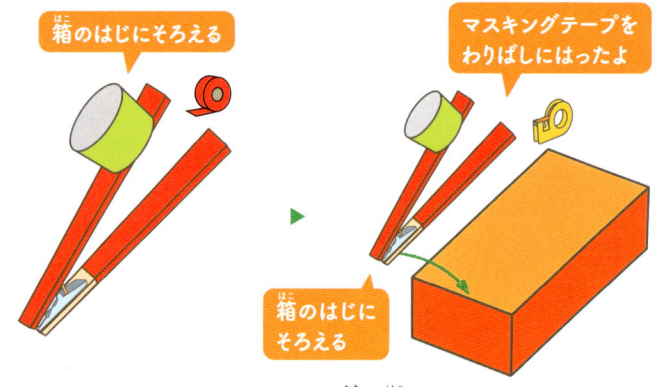

箱のはじにそろえる

マスキングテープをわりばしにはったよ

箱のはじにそろえる

❻❺に❹をしっかりはる。わりばしの先を箱のはじにそろえる。

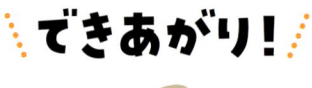

できあがり！

 ボール

 **材料** Aタイプ…おりがみ　Bタイプ…オレンジ色のピンポン玉

A おりがみ1まいをまるめ、さらにオレンジ色のおりがみでくるんでテープでとめる

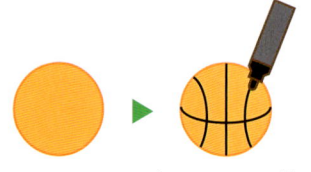

B オレンジ色のピンポン玉にペンでもようをかく

ゴールボックス

材料（ざいりょう） ダンボール箱、色画用紙、カップめんの容器、フルーツキャップ

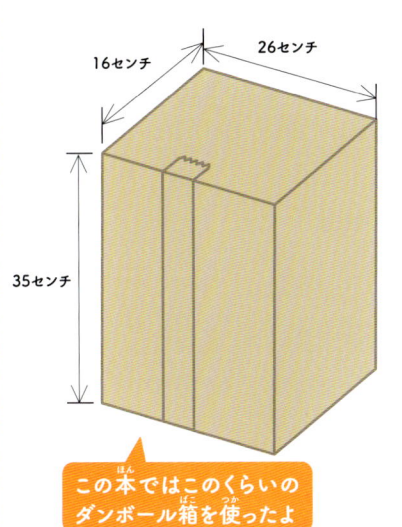

16センチ　26センチ
35センチ

この本ではこのくらいのダンボール箱を使ったよ

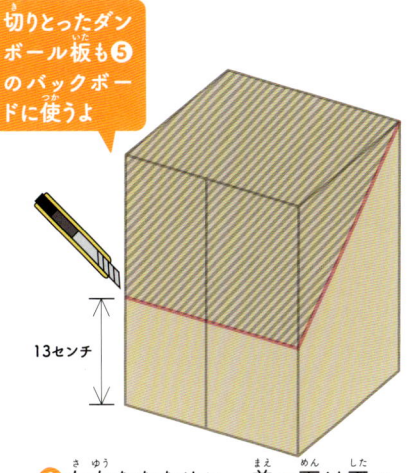

切りとったダンボール板も❺のバックボードに使うよ

13センチ

❶左右をななめに、前の面は下の方を残して切りとる。

❷色画用紙をはってかざる。

3センチ

切りこみを入れて切りとる

切りこみをつなぐ

❸カップめんの容器の上を切りとり、ペンで色をつける。

カップめんの容器（ようき）

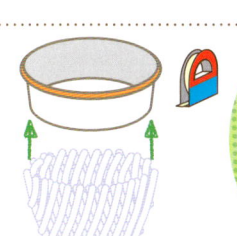

フルーツキャップ

❹フルーツキャップをつける。

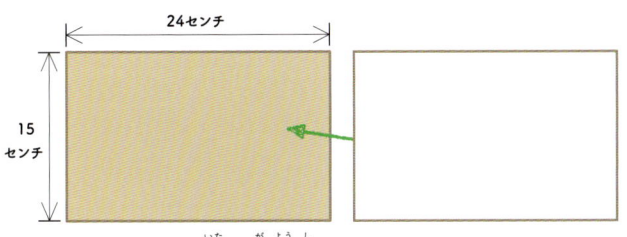

24センチ

15センチ

❺❶のダンボール板に画用紙をはりバックボードをつくる。

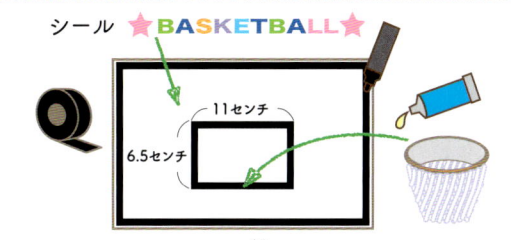

シール ★BASKETBALL★

11センチ
6.5センチ

❻マスキングテープやペンで黒わくをつけ、❺に❹をつける。

両面テープ（りょうめん）

❼図のように □ にバックボードをつける。

BASKETBALL

できあがり！

ゴールをめざせ！

すぐあそべる!!
むかしながらのおもちゃ

ふきもどし
P34

こま
P36

5枚板パタパタ

材料 うすいダンボール板(あつさ1ミリくらい)、コピー用紙、(平たい木のぼう)

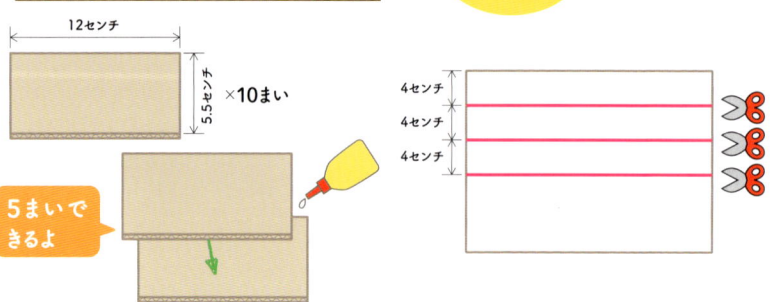

12センチ
5.5センチ ×10まい

5まいできるよ

4センチ
4センチ
4センチ

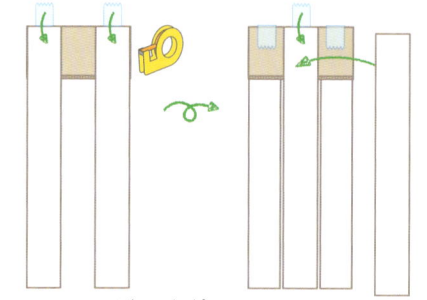

① ダンボール板を図のサイズに10まい切り、2まいずつはりあわせる。

② A4のコピー用紙を4センチはばで3まい切り、おびをつくる。

③ ダンボール板の左右のはじっこにおびをのせ、テープでとめる。うらがえしてもう1本のおびをまん中にのせて、はしをテープでとめる。

6枚板パタパタ

P32

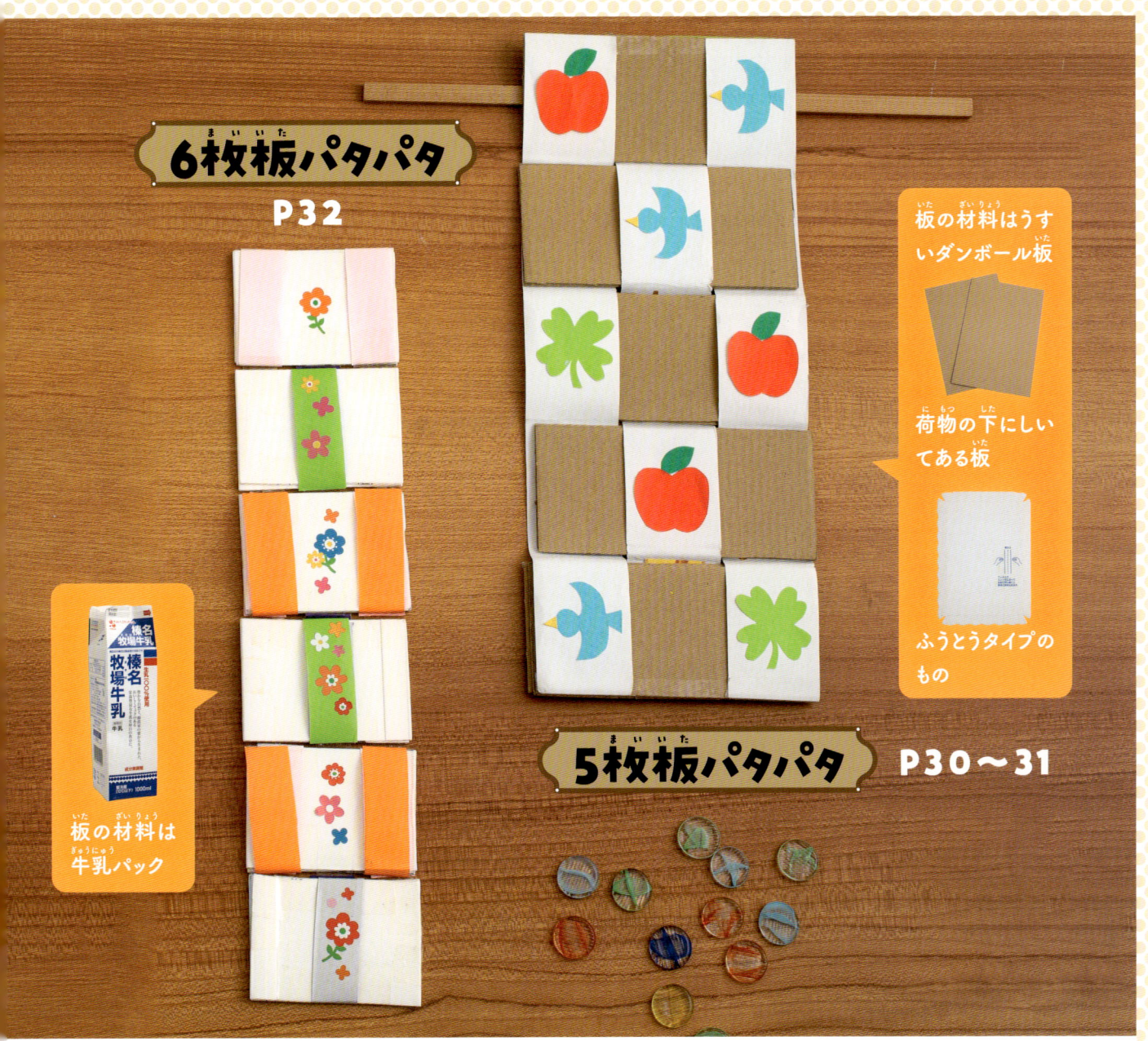

板の材料は
牛乳パック

板の材料はうすいダンボール板

荷物の下にしいてある板

ふうとうタイプのもの

5枚板パタパタ　P30〜31

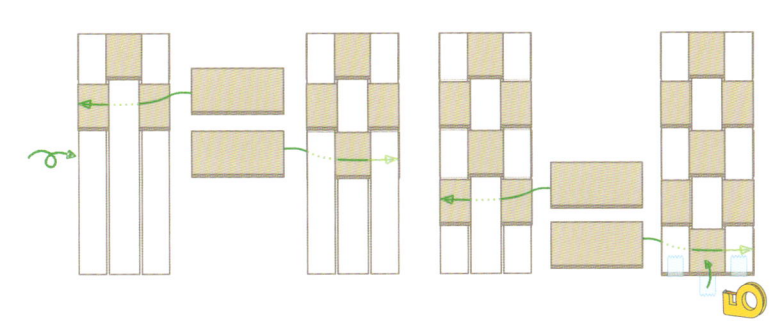

④ うらがえして、2まい目、3まい目を図のようにおびにさしこむ。

⑤ 4まい目、5まい目を図のようにおびにさしこみ、はしをテープでとめる。

できあがり！

ぼうをつけると動かしやすい

かわった！

パタ　パタ

コピー用紙の部分にもようをつけたよ！

1まい目を手前にたおすと…

パタパタしたあとに、絵やシールをはったよ

31

 **6枚板パタパタ**

材料 牛乳パック2本、おりがみ、かざり用シール

 **台紙**

牛乳パック1本で12まいできるよ！ 18まい切ってね

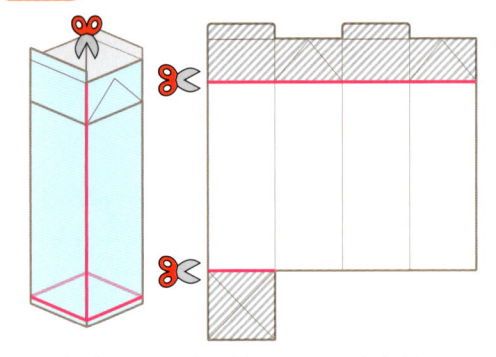

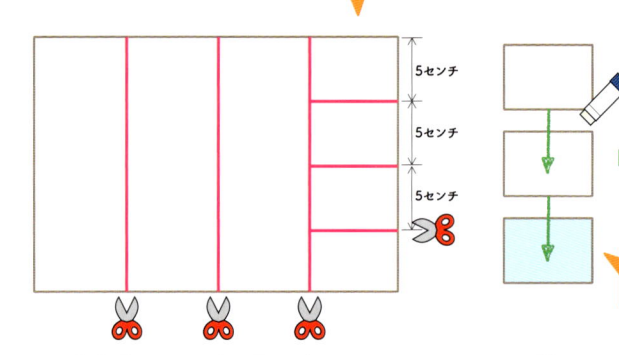

5センチ
5センチ
5センチ

×6まい

がらを内がわにはろう

① 牛乳パックを切り広げ、あけ口部分と底を切りとる。

② 牛乳パックの折り目で切る。5センチはばで18まい切る。

③ 3まい重ねてはりあわせる。同じものを6つくる。

おび

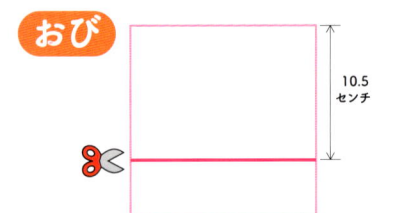

10.5センチ

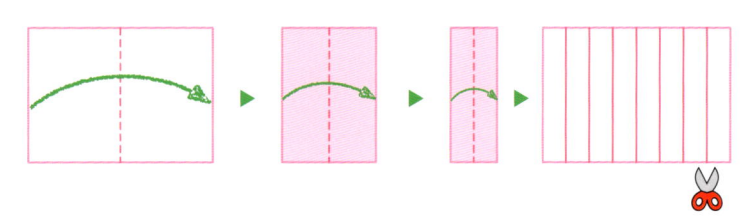

④ おりがみを10.5センチで切る。

⑤ 3回半分に折って広げ、折りすじを切り、おびをつくる。この本ではむらさき、きみどり、オレンジ、ピンク4種類の色を切ったよ。おびの色をかえるとパタパタしたときに変化を楽しめておすすめ！

折りたたんだところ

あそびかた

もちなおす

パタ

パタ

パタ

かわった！

次はうしろにたおすよ

1まい目を手前にたおし、うら面を前にしてもちなおすとパタパタするよ。
次は1まい目をうしろにたおすよ。ずっとあそべる！

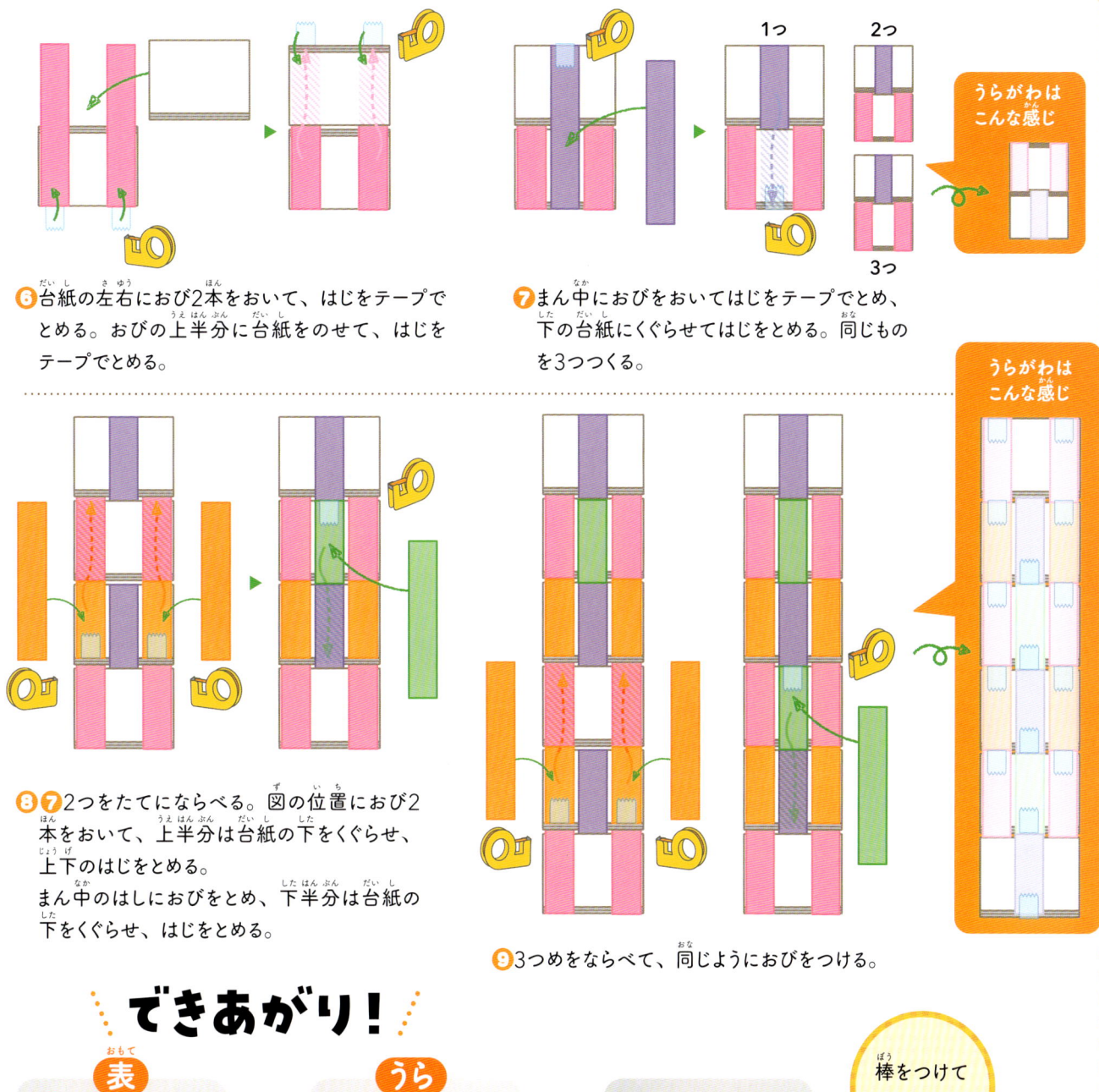

うらがわは
こんな感じ

うらがわは
こんな感じ

❻台紙の左右におび2本をおいて、はじをテープで
とめる。おびの上半分に台紙をのせて、はじを
テープでとめる。

❼まん中におびをおいてはじをテープでとめ、
下の台紙にくぐらせてはじをとめる。同じもの
を3つつくる。

❽❼2つをたてにならべる。図の位置におび2
本をおいて、上半分は台紙の下をくぐらせ、
上下のはじをとめる。
まん中のはしにおびをとめ、下半分は台紙の
下をくぐらせ、はじをとめる。

❾3つめをならべて、同じようにおびをつける。

できあがり！

表

うら

棒をつけて
もいいね

パタパタしてでて
きたところに上下
がわかるシール
をはったよ

ふくとのびる ふきもどし

ふーっ

のびた！

ふーっとしてのばしたら、またくるくるっとまいてもどすよ。何度もあそべる♪

 **材料** おりがみ、ストロー（この本では曲がるストローを使ったよ）

半分に折ってから折り目を切ろう

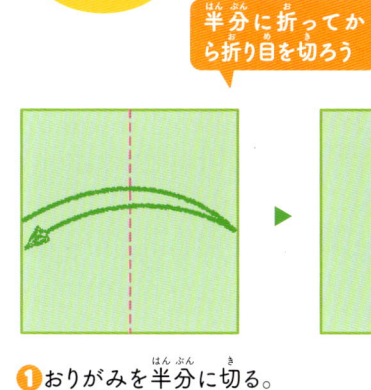

2まいできる

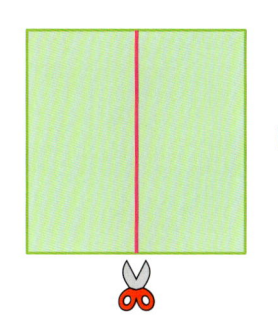

1センチのこる

1センチ

折ったところ

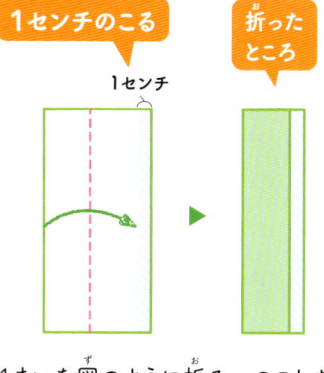

❶ おりがみを半分に切る。

❷ 1まいを図のように折る。のこした1センチはのりしろになる。

上は折るだけだよ！

5ミリ

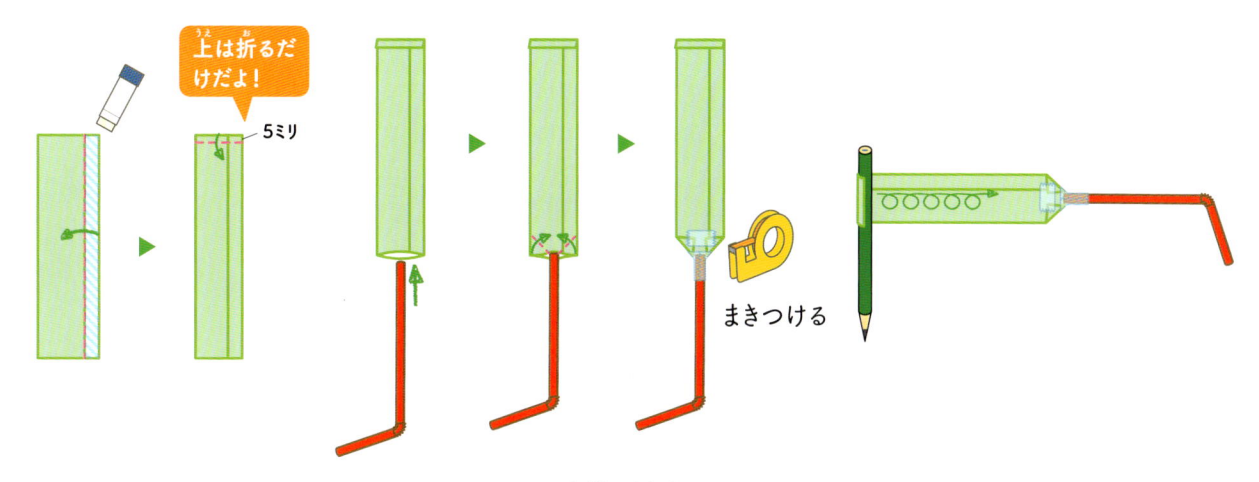

まきつける

❸ のりしろをはりつける。上を5ミリ折る。

❹ ストローをさしこみ、左右を三角に折ってテープをはる。さしこんだ部分もテープをぐるっとまきつける。

❺ えんぴつなどでおりがみをくるくるまく。

もようつきのおりがみを使ってつくったよ！たくさんつくろう

できあがり！

コツをつかむとよくまわる！ 色がわりこま

じくをまっすぐにしてまわそう

材料 （こま1つ分）紙皿（直径13センチ・白）3まい【ガイド用1まい、こま用2まい】、まるい竹製のわりばし1ぜん、ビニールテープ、ペン

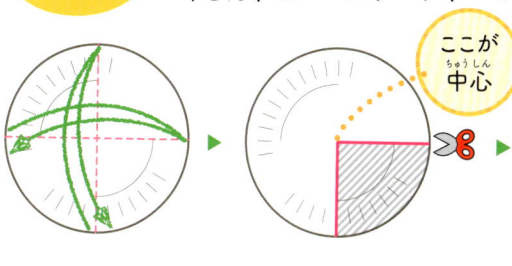

ここが中心

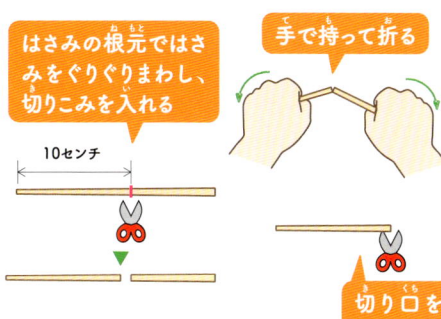

はさみの根元ではさみをぐりぐりまわし、切りこみを入れる

手で持って折る

10センチ

切り口をととのえる

❶ 紙皿を半分に折り、90度回転してもう一度折る。四分の一を切りとる。半分をはかったり中心を出すガイドができる。

❷ わりばしを2つにわける。

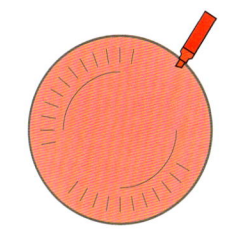

×2まい

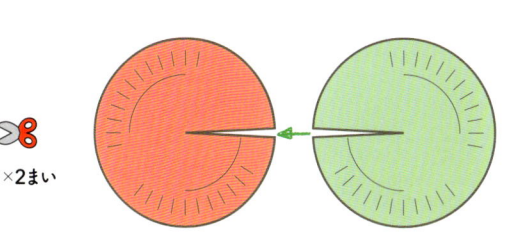

❸ 紙皿全体に色をぬる。2まいぬる（白の場合は1まいのみ）。

❹ ❸に❶を重ね半分の線をかき、切りこみを入れる。2まいとも同じようにする。

❺ 切りこみどうしをさしこみ、ずらして2まいを重ねる。色の配分は半分半分くらいにする。

中心にあなをあけることが大事！

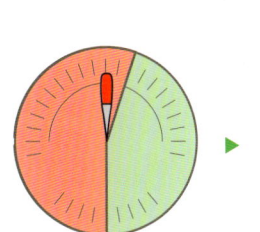

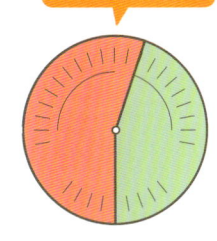

1.5センチ

わりばしの先

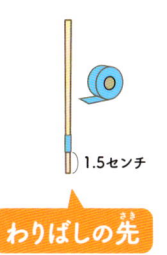

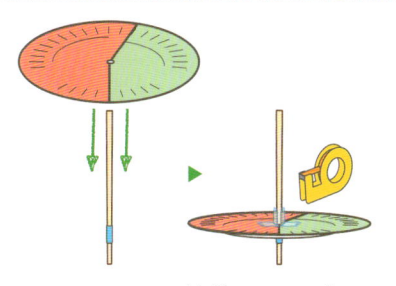

❻ かさなりがずれたところか、❶を重ねて中心を出し、くじりなどで❷のわりばしを通すあなをあける。

❼ ❷でわけたわりばしにビニールテープをまきつける。

❽ わりばしに紙皿のあなを図のようにさしこみ、じくをまっすぐにしてテープでしっかりとめる。

いろんな色のくみあわせでつくったよ！

白×赤　　緑×赤　　青×黄色

できあがり！

スロットマシーン

型紙

P8 あお（内がわ）
原寸大

P12 かけ（外がわ）
原寸大

この形が必要だよ

内がわ
あ ×1　**お** ×1
型紙の向きを逆にしたよ

外がわ
か ×1　**け** ×1
型紙の向きを逆にしたよ

P12 外がわ

か あななし×1
け あなあり×1

P8 内がわ

あ あなあり×1
お あなあり×1

あな

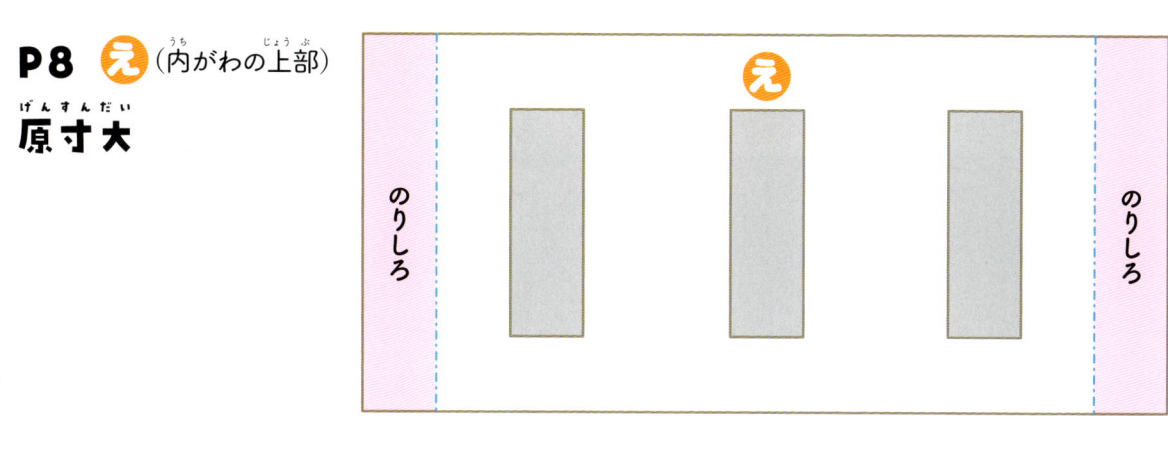

P8 え（内がわの上部）
原寸大

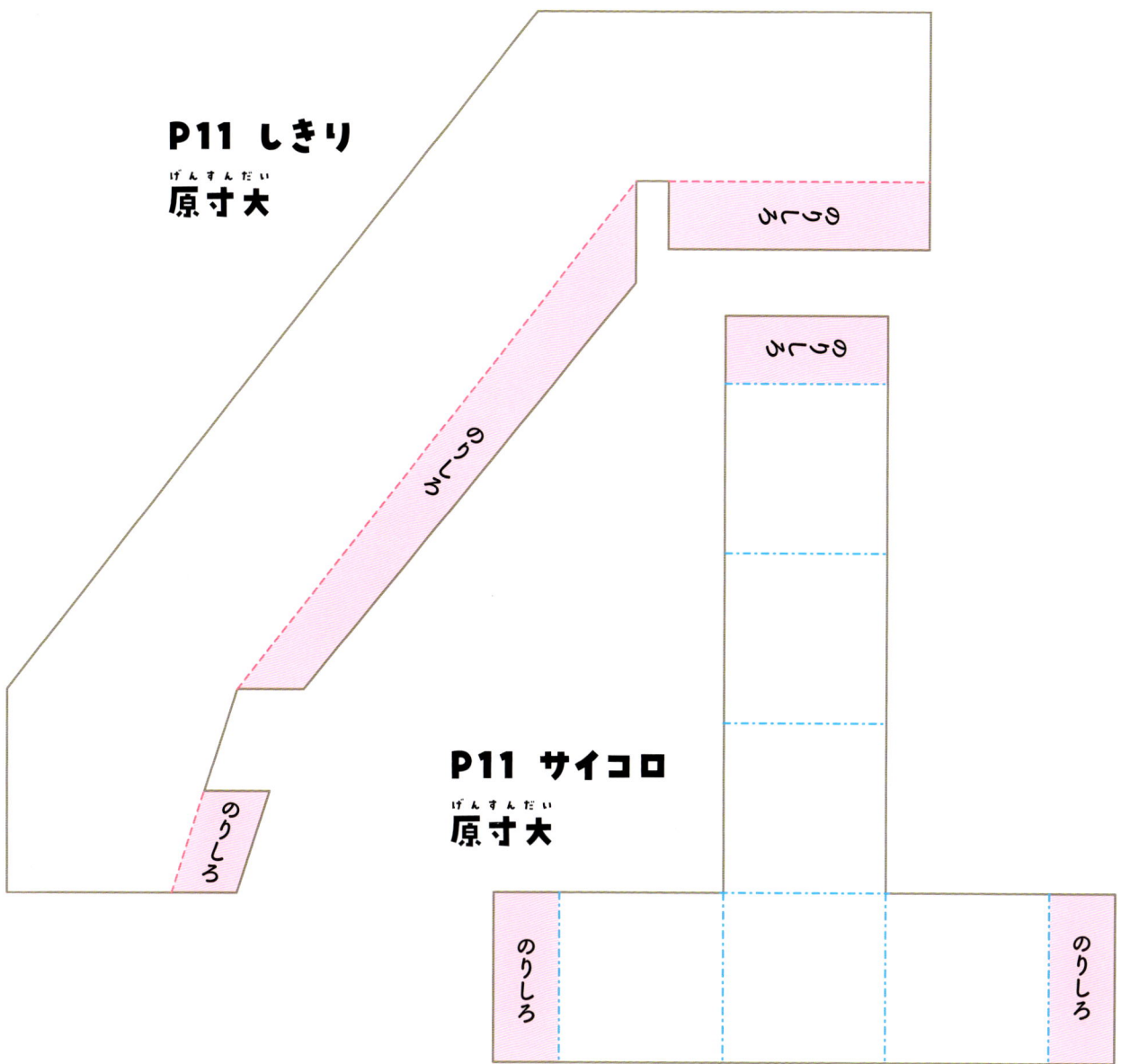

P11 しきり
原寸大

P11 サイコロ
原寸大

いしかわ☆まりこ

千葉県流山市生まれの造形作家。
おもちゃメーカーにて開発・デザインを担当後、映像制作会社で幼児向けビデオの制作や、
NHK「つくってあそぼ」の造形スタッフをつとめる。
現在はEテレ「ノージーのひらめき工房」の工作の監修（工作アイデア＆制作）を担当中。
工作、おりがみ、立体イラスト、人形など、こどもから大人まで楽しめるものを中心に、
こども心を大切にした作品をジャンルを問わず発表している。
親子向けや指導者向けのワークショップも開催中。
著書に『5回で折れる　もっとたのしい おりがみ』『5回で折れる　季節と行事のおりがみ』『楽しいハロウィン工作』（いずれも汐文社）、『おりがみでごっこあそび』（主婦の友社）、
『カンタン！かわいい！おりがみあそび』（岩崎書店）、『たのしい！てづくりおもちゃ』
『おって！きって！かざろうきりがみ』（ポプラ社）『かんたんおばけ工作』（偕成社）など。

図版作成、作品製作
もぐらぽけっと
写真
安田仁志
デザイン
小沼早苗（Gibbon）

まるで本物!? あそべる工作
スロットマシーン・エアホッケーをつくろう

2025年3月　初版第1刷発行

作●いしかわ☆まりこ
発行者●三谷光
発行所●株式会社汐文社
〒102-0071 東京都千代田区富士見 1-6-1
TEL 03-6862-5200　FAX 03-6862-5202
https://www.choubunsha.com
印刷●新星社西川印刷株式会社
製本●東京美術紙工協業組合
ISBN978-4-8113-3182-9